어머니의 봄날

임영모 인문예술인 27시집

한누리미디어

● 시인의 말

"시가 없는 세상은 자연이 없는 황무지와 같은 세상"이라고 했다. 시는 빛처럼 물처럼 생명력을 느끼는 일이다.

기술과학으로 세상을 병들게 하는 이때, 건강과 아름다움을 어디에서 찾을까.

최첨단 기술에서 찾을 수 없다.

사람으로 나서 한 번은 시처럼 살아가는 것이야말로 자연의 한 잎인 인간임을 증명하는 것이다.

돈과 권력을 따르는 것은 모래로 돌산을 쌓는 것으로, 그 돌산은 파도와 바람에 밀려 부서질 뿐이다.

아름다움과 사랑을 따르는 것은 세상의 꽃산을 만드는 것이다.

그 꽃산은 세월 따라 자연의 생명이 되어 영원한 인간과 함께 동행하는 시간에서 산다. 그게 바로 시처럼 살아가는 인생의 꽃길이다.

인생 최고의 아름다움을 정의했던 호라티우스 말대로 '시는 아름답기만 하기에는 모자란다'라고 했다. 그런 시를 쓰는 우주만물이 내게로 오는 '물아일체, 물여일심' 되는 시간이니, 시인은 그런 감정과 상상의 세계를 충분히 느끼며, 어머니 품안을 떠나지 않는 아기처럼, 자연의 품속에서 산다.

시는 최초의 인간지식이고, 예술이고, 인생사 모든 희로애락이 숨 쉬는 발화이다.

공자는 이런 시를 두고 '흥관군원' 이라고 했다. '흥'은 사물을 통달하며 감정 감성으로 기쁨, 슬픔을 알게 되고, '관'은 보고, 듣고, 통찰하고 사유하며 판단하는 것으로, '군'은 사교하며 사랑하고 나누는 것이라, '원'은 '비판하고 상상하고 창조하는 것이다' 라고 했다.

특히 정치하는 사람은 이 '흥관군원' 을 실천적 철학으로 익혀야 나라와 백성이 편안하다고 했다. '인생은 짧고 예술은 길다' 함은, 자연처럼 아름답게 살아가면 '자연처럼 영원하다' 는 것이요, 기술처럼, 돈처럼 살면 '인생이 짧다' 는 것이다.

'젊음은 짧고 노년은 길다.'

이제 초고령화시대를 살고 있다. 인생 갑자 60세부터 다시 1세부터 다시 60년, 120세까지 살아가는 세상이다. 나이가 들어 물리적으로, 육체적으로 힘든 일은 할 수가 없는 노년 나이에 어떻게 살 것인가.

바로 시를 읽고 쓰고 언행하는 인문적인 삶을 시처럼 살아가야 한다. 그렇게 살아가는 것이 초고령화시대에 늘 푸른 소나무처럼 건강하게, 사계절 피어나는 꽃처럼 아름답게 사는 길이다.

시를 쓰면 시공간이 필요치 않은 세상 여행길의 주인이 되어 한평생 여행자의 아름답고 풍요로운 행복을 느끼며 살아갈 수 있다.

차례

시인의 말 · 6

청둥오리알 · 12 ｜ 사람의 소리 · 13 ｜ 인생의 계절 · 14
인생 거울 · 15 ｜ 국밥에 빠진 구슬 · 16 ｜ 꽃게 소리 · 17
봄을 나누다 · 18 ｜ 불 깡통의 꿈 · 19 ｜ 어머니의 봄날 · 20
아버지의 돌멩이 집 · 22 ｜ 옛날이나 지금이나 · 24 ｜ 해와 달 · 25
초승달눈 보름달 얼굴 · 26 ｜ 정치와 사람과 사람 · 28
정치는 길고 권력은 짧다 · 29 ｜ 사람은 자연의 한 조각이다 · 30
꽃을 기다리는 봄 · 31 ｜ 정치의 눈 · 31 ｜ 악인은 짧고 선인은 길다 · 32
사람의 어머니 · 33 ｜ 사람의 역사가 시작됐다 · 34
대한민국을 위한 민주주의 계절 · 36 ｜ 사람들의 땅에는 꽃이라 · 38
하늘 꽃 얼굴 · 39 ｜ 세월의 거울 · 40 ｜ 꽃씨 · 41 ｜ 새 탄생 · 41
어머니의 꽃 · 42 ｜ 고향의 얼굴 · 43 ｜ 햇빛이 모여든다 · 44
한 송이 장미꽃을 피운다 · 45 ｜ 아이야 사람의 거울이다 · 46
부처님 오신 날 · 47 ｜ 시간은 내 편이다 · 48 ｜ 사랑도 · 49
사랑 하나 · 49 ｜ 장미꽃은 6월에 핀다 · 50 ｜ 4월 꽃들아 안녕 · 51
당신에게서 오는 봄 · 52 ｜ 사랑의 계절 · 52 ｜ 사람의 노래 · 53

임영모 인문예술인 27시집
어머니의 봄날

사람의 문 · 54 | 꽃으로 피어나라 · 55 | 꽃 사이 · 56 | 사람의 길 · 57

생 · 57 | 길 · 58 | 풀꽃 · 58 | 시간은 무너지지 않았다 · 59

사람의 길이었다 · 60 | 꽃샘추위 · 60 | 사랑만이 생명이다 · 61

빛 · 61 | 3월이 가기 전에 · 62 | 봄이 온다 꽃이 핀다 · 63

역사의 방망이 · 64 | 만남 · 65 | 마음 · 65 | 멈춤 · 66

사람의 자리 · 66 | 꽃샘추위 · 67 | 세월의 얼굴 · 68

사람의 계절은 · 69 | 별이 된 님이여 · 70 | 공 · 72

봄날의 첫사랑 · 73 | 그 꽃씨의 사랑 · 74 | 우리의 계절 · 74

님의 시간 · 75 | 햇빛 눈빛 · 76 | 얼굴 · 76 | 아이야 · 77

자연과 사람 · 78 | 개도 버린 자 · 78 | 소망 · 79 | 어머니 사랑 · 79

물처럼 · 80 | 그리움의 길 · 81 | 한 걸음 한 걸음 · 82

끝에서 시작이다 · 83 | 노래도 못한 벌레 · 84 | 자리 · 85

사람의 길 민주의 꽃 · 86 | 사람의 그림자 · 87 | 봄 시간 · 88

다른 두 손 · 88 | 새날은 내 안에 있다 · 89 | 당신의 해입니다 · 90

사람의 꽃을 피울 사람의 봄 · 91 | 하얀 소리 · 92

차례

우주의 품 안에서 · 93 ｜ 송년 인생 · 94 ｜ 송년 세월 · 95

삶의 무게 · 96 ｜ 세상의 거울 · 96 ｜ 꿈의 노래 · 97

뜨거운 겨울 꽃 · 98 ｜ 동짓날 어머니 노래 · 99

그 옛날 동짓날을 부른다 · 100 ｜ 인생 바람 자연 바람 · 101

새날의 꿈 · 102 ｜ 아내를 닮은 첫 눈 · 103 ｜ 늘씬한 12월 · 104

눈에 덮인 새 집 · 104 ｜ 12월 세상길에서 · 105 ｜ 12월의 인생 시간 · 106

동백꽃 사람 · 107 ｜ 얼음 속에 돌 · 108 ｜ 생사의 마음 · 108

이순신 칼춤 · 109 ｜ 세종대왕께서 웃고 계신다 · 110

난중일기가 말한다 · 112 ｜ 조선의 어머니 · 113 ｜ 촛불 홍시 · 114

뿌리 깊은 풀 · 115 ｜ 첫눈이 온다 · 116 ｜ 폭설의 이야기 · 117

눈사람처럼 · 118 ｜ 어머니의 꽃 · 119

해가 뜨기 전에 꽃들이 웃는다 · 120 ｜ 사람의 얼굴 · 122

소풍 가는 비 · 123 ｜ 4월의 연인 · 124 ｜ 비바람에 떨어진 꽃 · 125

뒤팔자 시간 · 126 ｜ 자연의 거울 · 127 ｜ 마음의 거울 · 128

봄이 부르니 꽃이 핍니다 · 129 | 깃발은 길을 열었다 · 130

사람의 가을이다 · 131 | 꿈의 시간 · 132 | 꽃의 힘 · 133

봄 소리 · 134 | 어머니의 몸 · 135 | 소원을 드립니다 · 136

행복을 드립니다 · 137 | 자연처럼 살았으면 · 138 | 새 꿈 · 139

어머니의 설날 · 140 | 설날의 복 · 141 | 차이 · 141

새날의 노래 · 142 | 생명의 시간 · 143 | 소설의 기운 · 144

입동 서리 꽃이 핀다 · 145 | 입동 연가 그 홍시 · 146

11월의 두 얼굴 · 147 | 세월의 강 · 148 | 새 옷 헌 옷 · 149

행복 · 150 | 생각의 거울 · 151 | 첫눈 사랑 · 152 | 세월의 자리 · 152

나의 시계 · 154 | 내 인생 가을에서 · 155 | 10월은 어머니 달 · 156

나를 찾아 · 157 | 다른 점 · 158 | 세월 정거장 · 159 | 가을 마음 · 160

입동 길에서 · 161 | 시월의 세월 · 161 | 인생 · 162

나로 사는 길 · 163 | 님의 향기 · 163

청둥오리알

6살 난 아이가
앞을 못 보는 어머니의 눈이 되어
겨울바람도 추워 울고 있는
시냇가를 건너가는 동냥길에
얼음이 창문처럼 가리고
돌이 벽처럼 가려진 한쪽 모퉁이에
푸른 진줏빛을 닮은 청둥오리알 두 개
내 눈을 피하지 않았다
아이는 청둥오리알을 손에 쥐고
동네 집집마다 동냥을 얻고 있었다
사람 인심은 부잣집 가난한 집 따로 있는 게 아니었다
동냥 갈 때마다 잔소리하며
밴댕이 같은 집주인 아줌마 그날도 짜증을 내며
닭 모이 뿌리듯이 곡식 몇 알 준다
6살 난 아이는 동냥자루를 당당히 벌리며
청둥오리알 두 알을 아줌마께 전해 준다
먹구름 속에 웅크리고 있던 겨울 햇살이 눈을 뜨고
그 집 마당을 내려다보고 있을 때
푸른 진줏빛 청둥오리알을 받아 든
아줌마 얼굴은 먹구름이 내려앉은 듯
금세 어두워졌다

사람의 소리

오월 이날이 되면
사방 산천에 살던 바람이
봉화산 메아리로 울립니다
노무현님이여 당신의 그리움이여
그 꽃 하나 피우려고
그 추운 겨울을 꿈꾸어 왔을까요
세월 앞에 떨어진 꽃잎이던가요
비바람에 누워버린 풀잎이던가요
그 꽃잎 그 풀잎 세월보다 긴 그리움으로
올해도 피어나서 웃고 있는데
향기 나는 그 속을
미물이면 어찌 알겠소
세상 산천에 들풀 같은
시를 써서 당신이 남기고 간
작은 들꽃 옆에 앉아
오월 푸른 마음으로
사람의 소리를 노래하고 싶소
자연은 사람을 키우고
사람은 사랑을 키운다 했으니
당신이 남기고 간 자연의 한 조각을 보듬고

인생의 계절

때가 되면
피지 않는 꽃이
어디 있으랴
일찍 핀 꽃이라 예쁘고
늦게 핀 꽃이라고
밉지 않더라
그들도 다 꽃답게
피어나서
기죽지 않고 산다
사람도 그러하니
기억하라
너도 삶의 한때가 있으니

꽃 피는 날
젊은 날에만 오더냐
꽃이 어디
봄날에만 피어나더냐
더 하얗게 핀
늦가을 국화를 보라
겨울 동백은
더 붉게 피지 않더냐

인생 거울

젊어서는 자식 걱정
늙어서는 세월 걱정
한평생 걱정하며 살았으니
내 안에 걱정이
들에 풀처럼
돋아 있을까
산에 나무처럼 서 있을까
들도 있고
산은 있는데
걱정은 흔적이 없고
내 인생 거울 앞에
봄꽃만 보이는구나

국밥에 빠진 구슬

달이 어머니 얼굴처럼 떠오르는 저녁 시간이었다
낮에 땅에 떨어진 동전 한 닢을
임자를 찾아 줄 수 없어 깨끗이 씻었더니
은구슬에 내려앉은 내 마음같이 고왔다
제일 먼저 인심 좋은 국밥집 아줌마가 생각이 났다
오늘 저녁 국밥에 은구슬이 빠져
같이 놀면 좋겠다
배고픈 나의 걸음을 보고
어머니 대신 국밥을 말아 주신
국밥집 아줌마가 내 얼굴을 보고 있었다

꽃게 소리

생을 포기했나
꼼짝달싹하지 않는다
고기는 헤엄치다 그물에 걸리지만
꽃게는 물을 걷다 그물에 걸렸을까
그물을 빠져 나가려고
발과 손이 뒤엉켜
자신을 얽어맨 꽃게를 보니
꽃게처럼 한 걸음걸음 온몸으로 생을 살아도
생사의 운명 앞에 서야 하는
사람의 생애 같아
마음이 꽃게가 잠긴 물에 빠진다
"꽃게야 너는 그래도 사람들의 입맛으로 다시 살아나니
너무 슬퍼 마라
부디 수많은 생명의 알을 품은 꽃게의 마지막 생애
몸부림을 아는 사람을 만나길 빈다"
아가 꽃게 소리가 들린다
"엄마 우리 어디로 가서 살아요"
이제 바다보다 더 깊은
그물이 없는 꿈속을 찾아가는 거야

봄을 나누다

한 눈 감았다 뜨면
언덕에 꽃 한 송이 피어나고
두 눈 감고 뜨면
가지에 꽃 두 송이 피어나고
한 밤 자고 나면
들에 산에 꽃들이 모여 살 자리를 잡는다
사람도 덩달아 봄이 되고 꽃이 된다
봄빛도 꽃씨 하나도 없었는데

불 깡통의 꿈

보름날 먼 옛날도 아닌데
호랑이 담배 피던 시절의
이야기가 되었다

집집마다 새리문 초인종처럼 걸려 있는
미군 통조림 깡통에
잔솔가지 같은 어린 손으로
관솔을 태운 불 깡통을 돌렸다

그날의 정월대보름
빨갛게 뜨겁게 세상의 꿈을 돌렸는데
세월 많이 먹은 어른이 된 지금은
무엇으로 세상의 꿈을 돌리나

어머니의 봄날

세상보다 더 넓은 손길로
소리 없이 흔적 없이
창문을 어루만지는
달빛 하나 햇빛 하나
하늘 먼 길 오르자마자
어느새 한 걸음에 오서서
어머니 눈빛처럼 나를 봅니다

꽃잎을 품어준 그 빛의 가슴
생전에는 이 자식 얼굴을
어머니의 눈빛으로 그리시더니
생후에도 어둠을 밝힌 달빛처럼
맑은 거울을 보여줍니다

어머니가 남기고 간
그 생명의 꽃씨
내 마음속에 심어놨으니
계절 따라 세월 따라
어머니를 닮은 얼굴로
피어날 것입니다

어느 날 꿈속에서
반가운 손님처럼 만나서
이슬 젖은 꽃잎처럼 울고
햇빛 품은 꽃잎처럼 웃으며
어머니의 봄날에
한 송이 꽃으로 살겠습니다
세월보다 긴 어머니의 이름을 부르며

아버지의 돌멩이 집

해는 떠서 텅 빈 넓은 하늘을 말없이 간다
얼마나 힘들었을까 눈도 얼굴도 빨갛다
아니 온몸이 불이다

해는 뜰 때나 질 때나
구름에 가려져 있을 때나
혼자 세상을 바라본다
한 걸음 한 걸음
소리 없는 해걸음으로
아버지 그렇게 우리의 집을 보고 있을 것이다

엄마가 부른다
"아가 아버지 어디쯤 오는지 신작로길에 나가 봐라"
대나무 방바닥에 엎드려 숙제하던
아이는 숙제 공책을 윗목으로 쑥 밀어 버리고 펄떡 일어난다

아이는 방문 대문을 오른발 왼발로 열고
곧바로 저만치 신작로로 한달음에 달렸다
흰 파도처럼 꽃을 피우던 구름이
피가 씨앗이 되었는지 빨간 꽃밭으로 변했다

아버지의 하얀 두루마기와
붉은 얼굴이 떠오른다

아이는 신작로에 쭈그리고 앉아
손가락에 흙처럼 진실한 기도를 모아
자갈 돌멩이를 집어 들고 차곡차곡 집을 짓는다
붉은 노을도 식어가는 서산 눈썹 그림자가
서럽게 보이는 시간

해처럼 온종일 걸었을 우리 아버지 발이
돌멩이처럼 단단했으면 좋겠다
그런 소원을 품는 아이의 손에 쥐어진 자갈돌이
따뜻하게 데워져 있었다

그리고 해는 가고
엄마처럼 마중 나온 달과 함께
아이는 별처럼 흘러 집으로 돌아오는 길이다
아이의 손에는 아버지의 몸인 양
자갈돌이 식을 줄 모르고 있었다
아버지는 그날 밤 눈 내리는 꿈속에서 만났다

옛날이나 지금이나

옛날이 생각난다
다람쥐가 도토리를 주워 먹다
배가 부른지
나뭇잎 속에 숨겨 놓는다

나뭇가지에서 그 광경을 보고 있던
청설모가 바람처럼 내려와
도토리를 한 잎에 먹고 달아난다

며칠 후 도토리를 찾아온 다람쥐가
토끼만 한 노란 눈으로
주변을 살펴보지만
도토리는 보이지 않았다

다람쥐는 또 다른 나뭇잎 속에서
청설모가 내려다보고 있는 줄도 모르고
도토리를 숨겨 놓고 떠난다

아무리 세상이 변해도
짐승의 먹잇감 앞에
사람과 사람 사이를 본다

해와 달

그 대통령은 술을 먹고 잠을 자니
해가 안 떠서 출근을 못하고
이 대통령은 밥을 먹고 일을 하니
달이 떠도 퇴근을 못한다
술도 시간 가는 줄 모르고
밥도 시간 가는 줄 모르는데
대통령은
오천이백만 시간을 품고
돌아가는 시계가 아닌가
이제 고장 없이 잘 돌아가겠지
해가 뜨면 출근하고
달이 뜨면 퇴근하고

초승달눈 보름달 얼굴

"아가, 어서 일어나라
재명아, 어서 일어나라"
남한산 해가 깨어나자마자
엄마가 부르는 소리
어젯밤 꿈인가 생시인가
비몽사몽 간
초승달처럼
엄마의 손을 잡고
보름달이 가는 길을 걷는다
소년공 이재명은 공장으로 가는
그 골목길이
생명의 바다로 가는 길인 줄 누가 알았겠는가

70년대
봄날엔 꽃 한 송이 웃을 수 있는 햇살이 없었고
여름엔
사람길보다 빗길이 먼저 흘러갔다
가을엔
벌레 먹은 붉은 과일 한 조각
사람의 입이 기다렸고

겨울엔 세상이 추웠지만
그 한 사람 몸에는
넓은 바다로 흘러가는
얼음덩이 속으로 흘러가는 가난한 피눈물이
차디찬 겨울 얼음물처럼 슬프고 아팠다

봄을 찾는 하얀 눈송이보다 많은
희망을 품고
꽃을 피우는 한 줄기 햇빛보다 밝은 꿈을 안고
세상을 향해 세상을 향해
나 여기 왔노라
초승달에서 점점점
이 땅의 어둠을 비치는 보름달로
대한민국 대통령으로

정치와 사람과 사람

아무리 눈을 크게 뜨고
보아도
높은 담장에 올라 선 장미꽃
똑같이 붉은 얼굴을 뽐내며 세상을 내려 본다
붉은 장미는 욕망이라더니

낮은 담장 그 틈새에 가시덤불 사이로
하늘을 닮은 파란 장미가
햇빛 한 줄기 손을 잡고 세상에 얼굴을 내민다
파란 장미는 희망이라더니
같은 땅에서
잘 어우러져 사는
들꽃 들풀을 보라

정치는 길고 권력은 짧다

들판에 들꽃들을 보라
어떤 들꽃이 못나고 잘났더냐
햇살이 내리면 웃고
비가 내리면
같이 울지 않더냐
들녘에 들풀을 보라
바람 불면 같이 눕고
비가 오면
같이 젖으며
이 땅에서
영원히 살지 않더냐
짧은 인생은
주어진 유한한
세상 시간만 살다 가더라
정치는 길고 권력은 짧고
인생은 짧고 예술은 길다 하지 않더냐

사람은 자연의 한 조각이다

봄은 모든 생명에
꿈을 이뤄주지만
책임은 지지 않는다
세상은 모든 사람에
꿈을 나눠주지만
성공을 가져다주지 않는다

보수여 수구여 내란세력이여
무엇으로 꿈을 지키려 하는가
높은 산봉우리
기암 틈에 앉은뱅이 풀도
진달래꽃도 지고 없으니
햇살인들
눈을 감고
바람도 길을 잃고 허공에 드러누워
떠도는데
내려올 산길에서
악몽의 발걸음이
눈 먼저 운다
역사의 소년이 햇살처럼 내려온다
과거의 사람이 바람처럼 날아온다

꽃을 기다리는 봄

광주는
봄이 가지 않는다
그 꽃들이
다 필 때까지

*
*

정치의 눈

고개 들고 높은 곳을 바라보며 걸을 때
볼 수 없던 풀꽃
고개 숙이고 가까이 다가서니 보였다

악인은 짧고 선인은 길다

세상길 역사길
단군 이래 가짜 조작인생
한 놈은 짐승처럼
한 년은 벌레처럼
그 자들을 아름다운 한글로도
표현할 길이 없으니
시인들이여
세종대왕이 쓰지 못한
한 글자 한 마디 언어를 찾아내라
쓰레기통에 짐승 썩어가는
형체를 보고 명품 포장지
썩어가는 것을 보고
흙까지 뺏기지 않았던
빼앗긴 산천엔 꽃피는 봄이 오지만
시멘트 쓰레기통에 깨진 양주병엔 꽃이 피겠는가
향기 없는 조화 꽃을 부둥켜안고 울다가 울다가
땅 속보다 깊은 시신 종말장으로 들어가겠지
인생은 짧고 권력은 더 짧고 명품은 썩어가고
예술은 더 길게 영원히 살아나고
아름다운 사람과 함께

사람의 어머니

그 끝을 만질 수 없는
넓고 깊은 바다도 모자라서
자식의 세상을 향한
꿈의 길을 내준
파도는 어머니 몸짓입니다

밤낮을 쉬지 않고
비가 오나 눈이 오나
햇빛이 쏟아져도
한 가슴에 품어버린 어머니는 숱한 섬섬섬을 지키고도 남은
그 힘은 언제나 탄생으로
새롭게 다가옵니다

생명을 부르는 파도의 물방울 하나만도 못한
삶을 살고 있는 자식의 길을 위해
갯바위에 부서져 아파도
울지도 못한 채
어머니는 바다의 손과 발이 된 파도처럼 길을 내줍니다
춤자락으로 노랫가락으로
사람의 어머니 사람의 어머니

사람의 역사가 시작됐다

이재명 대통령 후보
하늘땅에서 사람의 역사가 시작되었다

하늘을 날아가는 구름아
세상을 날아가는 바람아
산천을 날아가는 물결아
구름이 사라져도 하늘 품에 있고
바람이 보이지 않아도
산천 안에 있고
물이 말라도
흙 속에서 흐른다

높고 긴 산맥이 가로막는다고
골짜기마다 길을 구겨 버려도
어디 계곡의 물이 주눅이 들더냐

한 방울 두 방울 이슬까지 모아
폭포의 몸짓으로
더 큰 소리로 꿈을 부르지 않더냐

폭포는 다시 만나기 위해 잠시
분수처럼 솟아올라 떨어지고 부서져도
하얀 희망이고 길이 된다

계곡마다 웅크리고 앉아 있는 바위를 품고
세상의 들판을 씻기고
세상의 가슴 같은 바다를 이룬다
누가 어찌 생명을 막을까

내란수괴 윤가놈 숨도 못 쉰
그 바위는
짐승의 징검다리로
벌레의 놀이터로
밤이슬 보듬고
흘러가는 폭포 물결에 달그림자 그리며 살든지 말든지
운명의 업보를 누가 대신 살아줄 거나

대한민국을 위한 민주주의 계절

총알보다
빠르고 강한
하얀 종이쪽지에
붉은 내 도장
겨울을 이기고 핀
사람 양심의 꽃이다
그 어떤 꽃보다 아름답기에
그 예쁘다는 봄꽃들도
자리를 비우고 일찍 졌다

조용한 빛이여 말 없는 시간이여
사람들 가슴에 숨소리여
민주공화국이 걸어오는
새로운 발소리여

윤거니 먹구름 깬
세상길 가로등도
촛불과 별이 만난
응원봉이여
실눈썹 하나

졸지 못한 밤이여
대한민국의 거리마다
바람처럼 불어오는
살아 있는 사람들의 아우성이여

누가 이 나라를
정의로 이끌 것인가
누가 이 땅을
사람답게 만들 것인가

내 손 안에 대한민국의 앞날이
내 삶의 행동하는 양심이 시작된다

집집마다 나 하나의 꽃 한 송이
민주공화국의 꽃밭이 이루니
세월이 자연을 품고 돌아가는
사람 사는 민주주의 계절이 온다
6월 3일부터
사람의 땅에서

사람들의 땅에는 꽃이라

사람들은 하늘엔 별이라
꽃을 닮아 살려고 하지 않고
꽃처럼 사랑을 받고 싶고
별을 닮아 살려고 하지 않고
별처럼 높은 데서
빛나고 싶어 한다
꽃을 바라보며 예쁘다
별을 바라보며 아름답다 하지 말고
내 안에 그 꽃과 별을
찾아가는
대선 거울 앞에
사람의 땅에서
사람의 하늘에서
나의 꽃밭
우리의 별밭을

하늘 꽃 얼굴

아침에 일어난 해
한눈 팔지 않는
온종일 눈빛
석양이면 하늘 꽃밭을 이룹니다
어머니가 세상을 바라보는 얼굴입니다
어머니가 보고 싶어
그 하늘 꽃
서산 지붕 넘어갈 때까지
꿈속에서 다시 만나고자
꽃병처럼 내 마음에
꽂아 넣습니다

세월의 거울

봄이 갔다고 꽃도 지더냐
세월이 갔다고
어머니가 잊어지더냐
어머니 얼굴을 닮은
고운 달은
오늘 밤도
내 꿈을 펼치고
아버지 얼굴을 닮은
붉은 해도
오늘 낮 내 길을 비추는데
어머니 아버지는
밤 꿈길에도
낮 삶 길에도
오늘도 달은 밝고
해는 뜨거운데
어머니 아버지가 계신 곳은
꽃은 피는가요
별은 뜨는가요
세월의 거울 앞에서
그 이름을 불러봅니다

꽃씨

봄바람 품고
꽃바람 안고
그대에게 가리라
산에는 꽃산
들에는 꽃밭을 이루고 있지만
그대가 없는 봄날
무슨 소용이 있으랴
봄이 간들 꽃이 진들

*
*

새 탄생

그늘진 얼굴
봄 거울을 보라
꽃이 보인다
햇빛의 손길이
그늘진 얼굴을 만지니
나도 꽃으로 핀다

어머니의 꽃

봄꽃이 예쁘다고 한들
그 꽃들마다
한 송이 한 송이
내 가슴 심어 놓으면
꽃밭이 될까요
아무리 곱고 예쁜 꽃이라도
사랑만이 피어나는 어머니 얼굴만 하겠습니까
세상에서 가장 아름다운 생명의 시어
어머니
이 세 글자
푸른 오월 바람으로 어머니를 불러봅니다

고향의 얼굴

언제나 눈에 밟히는
고향 들녘 논두렁 밭두렁
옹기종기 모여 핀 제비꽃이
동네방네 소식을 주려나
오월 바람에 얼굴을 마주보며 웃고 있다

똑같이 화장한 개나리 향기
지천에 손 내밀고
나를 기다렸나
아버지 산소 길을 마중한다

어느새 인정 많던
할미꽃이 인사하는데
어린 시절 내 발길 부여잡던 돌부리는 어디로 갔나
부끄러워 숨었는지
나처럼 고향 땅을 떠났는지 보이지 않는다
내 어머니 아버지처럼

햇빛이 모여든다

봄빛에 사람 눈빛에 둘러싸인 몸뚱이
지칠 만도 했거늘

길 위에 편히 누워 있던
꽃잎 등을 밟고 걸어간
세월인가 사람인가

그래도 꽃잎은 푸른
새 잎들로
5월의 길이 열렸을 거야

꽃 진 자리마다
저 푸른 하늘
한 조각 떼어
뜨거운 마음 닦아라
어느새 내 안에 들어서서 앉는다

한 송이 장미꽃을 피운다

개구리 울고
철새는 산과 들과 강을 기웃거린다

사람은 지금쯤 어느 시간을 걸어가고 있을까

가고 오는 길이 보이지 않는
시간 속에 내 삶은
무엇을 위해 꿈꾸는가

입하 가슴은
여름 불을 밝힐 태양
불쏘시개처럼 타오르고 있는데

장미꽃이 먼저 피어나서
여름 얼굴을 반긴다

아이야 사람의 거울이다

꽃밭에 한 송이 꽃처럼
풀밭에 한 포기 풀처럼
산천에 한 그루 나무처럼
냇가에 한 방울 물처럼
비바람이 몰아치면
물길을 만들고
눈보라가 몰아치면
눈사람을 만들고
조금도 끄덕없이
고개 앞뒤 좌우 돌리는
사계절이 되거라
그러다 힘들면
엄마 한 번 부르니
세상의 거울 앞에
네 모습이 꽃처럼 웃는다

부처님 오신 날

별 같아라
달 같아라
해 같아라
세상의 꽃을 위하여

꽃이 꽃구경하는
사월초파일
오색영롱한 꽃밭을 보며
봄 같아라

두 눈 밤처럼 감으면
연등이 켜지면
부처님은 오실까

내 마음에
풍경 하나 달아 놓고
목탁소리 솔바람에 울리면
부처님 오시는 숨소리 들릴까

시간은 내 편이다

꽃은
얼굴마다 몸짓마다 자기가 필 계절에 따로 있다

사람들은
왜 초봄에
피어나려고
삶의 꽃샘을 부리는가

사계절 차례대로 꽃피어 나듯
사람도 꽃 피울
그대 일생 계절이 올 것이니

봄꽃이 다 지고 핀 장미꽃을 보라
늦게 핀
겨울 동백을 보라
얼마나 빨갛게 피어나는지

고개를 들고
그대 얼굴이 웃을 계절을 준비하라

사랑도

꽃이 어디 봄날에만 피더냐
꽃이 어디 양지에만 피더냐
산에 피는 꽃
들에 피는 꽃
비바람 맞고 피는 꽃도
꽃답게 핀다
너를 보니 알겠다

　　*
　　*

사랑 하나

꽃 피는 4월은
그대가 있는
내 가슴이다
나도 너처럼
자연의 계절 따라
인생의 세월 따라

장미꽃은 6월에 핀다

메마른 법꾸라지 나무가
푸른 소나무 가지에 뻗어
심술 정치를 했다
대법은 법전에서
숨도 못 쉬는 글자로 숨고
대법의 양심은 어둠 속에 길을 잃고
눈 없는 지팡이 꿈속을 헤맸다

봄이 간다고
꽃이 안 피더냐
역사가 부른 바람 따라
사람의 소리 품고 민주 꽃이 핀다

6월에 장미꽃은 울타리에 더 빨갛게 피어올라
사람의 얼굴로 웃으리라

4월 꽃들아 안녕

혹시나 바쁘다는 사람들의 발길을
놓치고 갈까
산에도 들에도
양지에서 그늘에서
4월의 길목을 지키며
비바람에 떨어진
네 모습
착하게 살려는 사람들이 마음 아파할까
끝까지 웃고 살던 너는
사랑 하나로 피고 지는
피기 위해 지는
생명의 꽃이었다

당신에게서 오는 봄

겨울 솜이불 할머니 주름처럼 앉히고
겨울 오리털 파카
새장 날개처럼 걸어 놓고 거울을 보니
내가 저 만치서 웃고 있다
봄이 오고 있으니

*
*

사랑의 계절

아무리 꽃이 예쁘다 한들
꽃을 보며 웃는
사람들 얼굴보다 더 예쁠까
꽃도 피고 사람도 피는
연인의 계절
사월 봄은
누굴 더 예뻐할까
짝사랑 품 안에서 서성이는 무엇일까

사람의 노래

자연 속에 담겨진
인생의 이치를
시로 읊어보아라
내가 세상의 바람이로다
누구에게나
인생의 계절이 따로 있으니
자연이 불러 준 시 한 편으로
님에게 보낼 연애편지처럼
써 보아라
그 행복을 모르고 어찌
만물의 영장이라 하겠는가

사람의 문

파도야 파도야
바다의 품이 좁았느냐
내 품이 바다보다 넓은 줄 어찌 알았느냐
멀리서도 눈을 감아도 보이는
사랑을 찾는 파도의 눈
사람의 길에서도
넓은 바다만 찾아 흘러가는
개울물 냇물 강물이 아닌
바다보다 큰
사람의 품을 알아보는
파도 같은 눈 한 번 뜨고 살고 싶다

꽃으로 피어나라

이 봄날에
산에 나무
들에 풀과
잘 어울리는
민주의 꽃이 말한다

아무리 아름다운
꽃일지라도
그 꽃 한 송이로는
봄날의 얼굴이 될 수 없다

너도 피고 나도 피어 날 때
이 마른 들판을 꽃밭으로 가꾸고
우리 모두 피어 날 때
저 민둥산을
꽃동산을 이룰 수 있다

나는 이 땅에
봄이 될 테니
너는 꽃으로 피어나라

꽃 사이

한 송이 꽃으론
꽃밭을 이룰 순 없지만
너와 내가
날마다 날마다
눈 한 번 감았다 뜨면
너와 나의 눈빛으로
꽃밭을 이룰 것이니
그 하루하루가
나는 봄이 되고
너는 꽃이 되고
민주 동지의 시간이 머문 거리마다

사람의 길

너는 언제 한 번
남을 위해
꽃 한 송이 피어 낸
봄 같은 가슴이 있어 봤느냐
아무나 걷는 봄 길이라고
아무나 보는 꽃은 아니다
사람마다 꽃을 보는
눈이 다른 올봄이다

*
*

생

말이 없었다
나도
들꽃도
그래도 들판은 숨 쉰다

길

금빛 나팔소리처럼
나의 창문을 깨우는 햇살
눈길 가고 발길 가는 곳마다
언제나 나를 향해 비쳐준다

*
*

풀꽃

매화꽃만큼은 아닐지라도
눈을 뜨고
가만히 보면
나도 예쁘고
향기도 있다

시간은 무너지지 않았다

그대가 한 송이
들꽃으로 피어나 향기 품은
손을 잡으면
나는 한 포기 들풀이 되어
이 너른 들판의 발이 되리니

들꽃과 들풀이
잘 어우러진 들판 같은 세상길에
내란수괴를 파면
오지 못하고 멈춰 있는
새 봄날이 온다

꽃구경하라
색깔마다
이 꽃 저 꽃
꽃이 더 보고 싶어 하는
그대와 나를
봄 품 안에 안길
눈 뜬 세상을

사람의 길이었다

아무리 겨울이 길어도
오지 않는 봄은 없고
꽁꽁 언 땅을 뚫고 피지 않는 꽃은 없으니
벌 나비가 날아 든다

*
*

꽃샘추위

한겨울 구렁에 잠든 잔설
우수 물에 떠내려가는 조각난 얼음까지
다 긁어모아 몸부림치는 걸 보니
봄이 눈앞에 보인다

사랑만이 생명이다

어찌
한 송이 꽃만 꿈꾸었을까
너도 나도
우리도
한 몸이었던
그 어두운 겨울밤에
저 봄 산에
이 봄 들에
생명의 얼굴이 웃는다

    *
    *

빛

겨울 눈보라 찬바람에
풀씨 꽃씨는
새봄의 꿈을 포기하지 않는다
봄은 너를 기다린다
딸아 아들아

3월이 가기 전에

춘삼월 들어서
내가 바쁘게 더 바쁘게
보고 싶고 만나고 싶은 시간은

신랑 같은 새봄도 신부 같은 새꽃도 아니다

우리 집을
괴물터로 만든
윤가놈을
주인인 내가
헌재 방망이로 내치고 나서

커피 술도 좋지만
겨울 내내 벌벌 떨었던 목구멍에
고소한 누룽지 숭늉 한 그릇
시원하게 마시는 것이다

어머니 손길로 불 타 올랐던
그 옛날 아랫목 사랑으로

봄이 온다 꽃이 핀다

겨울이 길고 춥다고
오지 않을 봄은 없다
꽃밭을 이룰
사람들의 꿈이
다시 새 땅으로 모아지고 있다

짐승도 사람처럼
눈구멍 두 개 콧구멍 두 개
귀 구멍 두 개 입 하나씩
다 달려 있다

그 짐승이 괴성을 지른다고
봄 산을 이룰
꽃씨 하나 끄덕이나 하겠는가

역사의 방망이

사람의 소리가
천둥소리보다 크고
사람의 걸음이
번개 빛보다 빠르다

아무리 예쁜 꽃이라도
한 번 떨어진 꽃잎을
밟지 않으려고
돌아간 사람은 없다

권력이 한 순간
문 틈 새로 스쳐가는
햇살인 줄 모르다니
떨어진 권력이 그렇다

세월은 아직 남아 있는데
비바람에 떨어진
꽃잎 같은 신세여
역사의 방망이가 울린다
파면의 소리
탕탕탕

만남

너를 만났던 그날처럼
내 가슴이 따뜻해진다
곧 새 봄 꽃이 피려나 보다
사람의 봄
삼월 가슴속에서
매화 꽃잎 수만큼
봄을 기다린
사람들이 웃겠지요

*
*

마음

꽃은
눈앞에 있어야 보이지만
너는
멀리 있어도 보인다

멈춤

겨울잠 개구리도
때가 되면 깨어나서
봄꽃을 만나는데
사람으로 나서 어찌
우물 안 개구리로 살
그 신세여
봄이 옵니다 꽃이 핍니다

*
*

사람의 자리

높은 산에 핀 꽃이라고
잘난 꽃이냐
낮은 들에 핀 꽃이라고
못난 꽃이더냐
저마다 핀 자리가
꽃자리가 아니겠는가

꽃샘추위

한겨울 구렁에 잠든 잔설
우수 물에 떠내려가는 조각난 얼음까지
다 긁어모아 몸부림치는 걸 보니
봄이 눈앞에 왔나 봅니다

겨울을 이긴 사람의 봄
곧 삼월 중순이 되면
매화 꽃잎 산수유 꽃잎 수만큼
봄을 기다린 사람은 웃겠지요

우물 안의 개구리도 우물의 깊고 낮음으로
운명의 변화를 알고
땅 속 개구리도 때가 되면 깨어나서
세상을 보는데
사람으로 나서 어찌

세월의 얼굴

개구리 웅크리고
땅을 덮고
겨울잠을 잘 때
더울까
눈이 내리고
춥지 않을까 햇빛이 내리고
바람은 자장가처럼 불러주던
살맛 나는 겨울이었다

그래도 봄을 꿈꾸었던 것은
기다리는 님이 있기에
바위 밑에서
솟는 샘물 한 모금 마시고
새벽이슬로 얼굴을 씻고
님을 만나려 봄길을 가는
개구리의 눈에
웃는 얼굴 꽃들이 보인다

사람의 계절은

개구리도 곰도 뱀도 벌레도
갖은 미물도
겨울 들면서
모두 다 쉰다

사람들은
추위가 무서워 벌벌 떨며
전쟁을 하며
일을 하며
돈을 번다

사람들은 어느 계절에 쉴까
4계절 밖에 없는데

별이 된 님이여

1919년 기미년 3월 5일 정오
유관순 소녀의 눈은
조국의 어둠을 향해
달빛 기운 받아 찬란히 떠 오른 햇덩어리 품고
왜놈 만행을 불태웠던 뜨거운 불씨였다

민족의 숨결로 산천의 바람처럼
태극기 품 안에서
삼천만이 하나 된
합창소리 듣고

새봄을 알리는 매화꽃잎처럼 깨어난
이 날은 대한민국 생명을 살리는 애국의 사랑이라

역사의 거울이 물결이 노래하고
조국의 마음이 구름처럼 춤추는
이 땅에서 동포야
이날을 찾아 살자

오늘날 남아
그날을 불러보니

삼일 독립만세는 못 불렀어도
평화 통일 민주 정의 만세는 부르며 살았으면

손톱만큼이라도 민족의 공을 갚고 티끌 하나 털어 버리며 살았으면
3월 봄 빛 한 줄기 쐬기도 부끄럽구나

아직도 친일 독재 뿌리는 아름다운 이 산천에
독버섯처럼 좀비 되어 있으니

1947년 11월 27일 아우내 독립만세운동 기념비
제막식에 헌정된 김구 선생의 친필 추도사

"유관순 열사의 거룩한 의거와
숭고한 죽음은 일월같이 빛나고
빛나 천고불멸의 위훈을 세운 것이다

우리는 선열의 독립정신과
유지를 받들어 조국의 완전 자주
독립을 달성하도록 분투노력하여서
민족으로서 죄 되고 부끄럼이 없도록 이날을 기하여 더
욱 결심하여 맹서하는 것입니다"

공

내 마음에 쌓인
탐욕을 한 줌 가는 세월에 버렸더니
세상 한쪽이 가볍다
인생 돈을 좇고 산다
그 돈은 어렸을 때
시냇물에 고기처럼 쫓으면 달아나는데도
고기도 쫓으면 달아나고
돈도 쫓으면 달아난다
세상의 바다에서
나는 노을 저을까 헤엄을 칠까
실패해도 또 실패해도
지치지 않는 성난 파도처럼
돈으로 얼룩진 육지를 향해 아우성치며 살까

봄날의 첫사랑

매화꽃 향기가
한 줄기 겨울 햇빛을 잡고 묻는다
"우수가 되었으니
방문 열고
밖에 나가도 되나요"

봄 사랑을 만날 새벽잠 꿈을 설치는
숱은 꽃들이
아직은 겨울 찬바람에 겁이 나서
문 틈새로만 세상을 보며 망설이고 있을 때

매화꽃은 가지가지 손에 손을 잡고
새벽 별 빛 같은 초롱한 눈으로
곧 웃음이 터져 나올 입술로
햇빛이 길을 내 준 찬바람 사이로 얼굴을 내밀며

사람들에게
매화꽃이란 이름을 부르게 하는
봄날의 첫사랑이었다

그 꽃씨의 사랑

눈이 녹아 강물이 되고
얼음이 녹아 배가 되고
땅이 녹아 봄이 되니
내 마음이 녹아
꽃이 된다
내 가슴에서 꿈꾸었던
그 꽃씨

*
*

우리의 계절

산이
그 자리에 있으니
꽃 피어나듯
우리는 언제나
새롭게 만날 수 있는 계절이 있다

님의 시간

겨울비인지
겨울 눈물인지
가는 시간 뒷걸음 오는 시간 앞걸음
세상의 생명은 빗물에 피어나고
사람의 사랑은 눈물에
피어나고
땅속에서 겨울 꿈을 꾼 꽃들도
겨울이 꽁꽁 움켜쥐었다 풀어 준 물을 먹고
봄빛을 본다

햇빛 눈빛

햇빛은 세상을 따뜻하게 하지만
나를 따뜻하게 한 것은
그대 눈빛이다
땅을 녹이는 우수 햇빛처럼
내 가슴을 녹이는
그대 사랑의 눈빛이었다

*
*

얼굴

어떤 꽃도 피지 않는
추운 겨울
동백꽃은 웃고 핀다
찬바람을 이야기로 들으며

아이야

들에 핀 들꽃
얼굴마다 색깔마다
이름은 몰라도
그냥 아이라 부르면 대답할 것 같다
그래도 예쁘다
다칠까 봐
발을 움직일 수 없어
눈으로 걸어갔다
들꽃아 들꽃아
아이야 아이야

자연과 사람

물도 맑고 바람도 맑고 햇빛도 맑다
봄으로 가는 거울
우수는 잠자는 모든 사물의
첫 얼굴빛을 그린다
세상 사람의 마음도 생각도 얼굴도
자연의 손으로 그려줬으면

*
*

개도 버린 자

도둑이 오면 짖는 개
주인을 잡으러 온
도둑이 벌떼처럼 들이닥쳤는데
소파에서 내려오지도 않았다
끝까지 주인을 섬기지 않는 눈치
동물적인 감각
사람보다 낫다

소망

꽃을 피워낸 봄처럼
봄을 사랑한 꽃처럼
나에게 줄 삶의 선물
돈 밖에 없고
세상에 줄 은혜의 선물
욕심 밖에 없으니
인생길은 하나인데
내 꽃은 어디서 피고
내 별은 어디서 뜰까

*
*

어머니 사랑

달은
멀리 있으면 그리움이요
가까이 있으면 소원이다
하늘에도
땅에도 어머니의 사랑이 그렇다

물처럼

내가 시를 쓰는 것은
욕심으로 검게 물든 마음을
깨끗이 빨기 위해서
시를 쓴다
몸을 씻듯 옷을 빨듯
영혼까지 씻으며
죽어서
하늘 천국에 들기 위해서다

그리움의 길

대한 사흘 낮 밤
눈이 퍼부어도 좋다
나를 찾아올 사람
그래도 온다
내가 기다리는 사람에게
그래도 간다
눈아 눈아 더 쏟아져서
내 마음속까지
눈 덮인 산속을 만들어라
그 길에 두 발자국 소리만
들릴 수 있는
시간이 뛸 수 있게
두 마리 토끼처럼

한 걸음 한 걸음

한 송이 한 송이
떼를 지어 내린 눈
높은 산도
넓은 들도
세상길에도 점령군이 되어 버린
눈앞에
토끼처럼 뛰어가고 싶은 바쁜 사람도
거북이처럼 온몸으로
십리 길 징검다리를 걷는다
눈 한 송이 한 송이가
사람의 발길을 잡아 버린 대한
생각도 마음도
눈 속에 갇혀 버린 세상에서
쉬어 가란다
일 년 중 마지막 날

끝에서 시작이다

아름다운 24 절기
가장 춥다는
대한까지 잘도 왔다

오늘 대한을 만났으니
곧 따뜻한 봄날
입춘이 오겠지

이 땅을 사랑하는 사람들
가슴에 품은 소원
꿈꾸는 꽃씨처럼
새 봄을 만날 거야

노래도 못한 벌레

벌레도 노래하며 사는 벌레가 있고
노래 못하고 사는 벌레가 있다

벌레들조차도
어떤 놈은 풀잎 위에 올라 노래하며
생을 즐기며 살고

어떤 놈은 풀잎 아래 숨어
노래는커녕
입도 벌리지 못하고 숨어 산다
똑같은 들판에서
사람도 그렇다

자리

세상 어디든
사람이 사는 곳엔
부처 자비의 나무 서 있고
예수 사랑의 꽃도 피어나지만
아래서 기어오른
짐승도 벌레도 산다
가장 가까운 곳에 사는
개 고양이
파리 모기
오래 같이 산다고
인간이 될 수 없다

사람의 길 민주의 꽃

4.19 혁명
일제가 남긴
돌밭에
가시덤불로 울타리를 친 이승만
민주를 부르짖는
대한민국은
돌부리에 넘어지고 가시덤불에 찔려
온몸에 멍이 들고 피가 흘렀다
그 멍을 어루만지는 손길로
붉은 피를 멈추게 했던 4.19
이 땅에 사계절이 시작되는 사람의 봄날에
사람의 꽃 민주화 꽃씨를 뿌렸다
그 한 알 한 알
심어진 민주의 꽃씨는
민주공화정의 꽃밭을 이루었다
민주가 없는 자유는
한 송이 꽃이니
화병에 뿌리 없고 향기 없는 조화꽃이니

사람의 그림자

거울 속에 비쳐지는 사람의 얼굴
거울 속에 보이지 않는 벌레의 얼굴
사람은 세상 속에 마음이 보이고
벌레는 안 보인다

물그림자도 보이지 않는
흙탕물로
숨결 없는 눈사람 꽁꽁 만들려다
봄 햇살 눈을 뜬
꽃 꿈 이야기 들려오니
흔적 없이 사라지는
이 겨울 얼음 같은 신세여

봄 시간

사람들은 막을 수 없는 비바람보다
더 빠르게 살면서
시간이 빨리 간다고 한다
나는 꽃구경하는 봄바람처럼 살고 있는데
언제나 단풍놀이 한 번 하고 살까
먼 첩첩 산중의 가을 시간이 보이지 않는다
봄 시간 인생길에서

*
*

다른 두 손

어떤 사람은 꽃이 예뻐서
그 꽃을 손으로 꺾고
또 어떤 사람은
그 꽃을 사랑해서
손으로 꽃씨를 심는다

새날은 내 안에 있다

새해는 여느 날이나 새날이다
새해는 끊임없이 돌고 있는 지구가
하루하루 동쪽에서 새로운 태양이 떠오를 뿐이다
새해는 해가 만든 게 아니라
새 마음을 먹고 사는 진실한 사람에게는
날마다 날마다 새해가 찾아온다
해가 지구의 공전으로
세상을 찾아오듯이

당신의 해입니다

한 해가 가고 또 한 해가 왔습니다
누가 세월을 보내고 세월을 보냈을까요

닭이 울어 새벽이 왔을까요
달력이 바뀐다고 새해가 왔을까요

아름다운 사람들의 꿈과 희망의 소망을 지켜 주기 위해
새해가 왔습니다
바로 당신입니다

새해 하늘에 빛나는
저 해는
당신의 몸속에 흐르는 피같이 흐르는 뜨거운 생명입니다
저 해는 당신이 꿈을 이룰 수 있도록
뜨거운 불꽃처럼 타오를 것입니다

사람의 꽃을 피울 사람의 봄

계엄령 내란의 어둠을 넘어
대한민국 꽃피는 봄을
겨울이 깊어질수록
사람의 꽃을 피울
그 봄은 곧 온다
봄날에 첫사랑
매화꽃 피워 내는
그 눈부신 햇살을
누가 이길까
온 산천에

하얀 소리

소한 가슴에 눈이
하얗게 하얗게
하얀 소리를 내며 내린다
눈이 아파할까
풍선처럼 둥둥둥 떠서 걷는
내 발걸음 지나가는
땅 길마다
매화꽃이 꿈꾸는
소리가 들린다
소한 가슴에 눈이
하얗게 하얗게 내린다
매화꽃은 이 눈의 얼굴을 닮아
하얗게 하얗게 피어날 거야
곧 대한이 봄을 부르면

우주의 품 안에서

올 마지막 제야의 종소리는
밤이슬을 품고
엄마 잃은 아기처럼 울 것 같습니다

사람은 누구나 한 해 끝자락에서는
홀로 떠 있는 섬과 같습니다
그러나 햇살은 그 섬에도 비쳐줍니다
사람은 누구나 새해 첫날에는
홀로 올라 선 산과 같습니다
그곳의 햇살은
나를 가장 먼저 비쳐줍니다

생명을 키우는 우주는
꽃이라고 예뻐하고
나무라고 미워하지 않는데
만물의 영장이라는 사람을 차별하겠습니까
나는 그 안에서
갑진년 365일 은혜 속에서
잘 살았습니다 고맙습니다

송년 인생

사계절
돌고 돌아
똑같이 그 자리 와 있는
세월이 그린 인생 삶이건만
내 나이는
돌아오지 않는 메아리처럼
인생 시간의 숨결
인생무상 욕심을 아직도 못 버렸는지
마지막 울리는 종소리 걸음이 무겁다

송년 세월

송년의 종소리
떠나는 나그네 석양길 걸음 소리
신년의 종소리는 반가운 손님
아침길 대문 여는 소리
기러기 날아가는 소리
닭 울음소리는 달라도
내 숨소리는 송년에서
신년을 울리는 생명의 소리

삶의 무게

12월 열두 달 중 가장 큰 달 몸이 무거울까
12월 열두 달 중
가장 작은 달 몸이 가벼울까
12월 1년의 꿈을 다 이루었을까

*
*

세상의 거울

세상 새해 새날이 밝았다
내 마음에도 새날이 왔을까
내 마음을 들여다볼 수 없다
준비가 안 되었는지
아직 문이 안 열린다
아니 아직도 어두운 밤이다

꿈의 노래

1월 새해에도
저 하늘에 별은 그 자리였는데
12월에도
저 하늘에 별 그대로인데
내 꿈의 별은 어느 하늘 어디에서 빛나고 있을까
내 별은 아직도 별이 되지 못하고 꿈꾸고 있는지
아직도 파랗다 아직도 파랗다
가을 하늘처럼

뜨거운 겨울 꽃

동지섣달 찬바람을 가르며 날던 참새떼
빨랫줄에 내려앉아 불을 쬔다
동지 팥죽 뜨거운 기운
집안에 불꽃으로
일 년의 사랑을 태우고
오밤중처럼 삶을 어둡게 했던
그 적막한 빈 시간 자리에
어머니의 불덩이 같은 심장을 뛰게 한다
꽃덩이 같은 동지죽
별 덩이 같은 동지죽
어머니가 지어 준 그 이름
동지죽
겨울이 뜨겁다
어머니 가슴처럼

동짓날 어머니 노래

문풍지 사이로 들어오는 바람에
쓰러질 듯 말 듯 가냘픈 몸이 곧 쓰러질 듯 기울다
다시 살아난 호롱불
어머니 마음에 사는 생명의 불꽃이다

하얀 눈이 어머니 마음처럼 마당에 빈틈없이 쌓인 겨울밤
어머니는 부엌에서
하얀 동지쌀을 가마솥에
한 알 두 알 소원을 담아 심었다

가마솥에 심어진 동지쌀
'퐁퐁 푹푹' 세상에서 가장 정겨운 리듬과 박자 소리를 내며
일 년 묵은 사랑을 모은 뜨거운 기운으로
식구들 이름을 불렀다

오늘밤 부엌에 없는
어머니의 동지죽 사랑이 보고 싶어
창문을 열고 달을 바라보니
나를 기다린 바람 소리
어머니의 목소리처럼
내 얼굴을 얼싸 안는다

그 옛날 동짓날을 부른다

하늘하늘 타오른 불꽃
청솔가지도 신이 났는지
검푸른 연기를 '푹푹 폭폭' 기차목청처럼 품어댄다
둥글둥글 하얀 얼굴 얼마나 즐거우면
새알 새알 '보글보글 바글바글'
가마솥 동네가 뜨겁다
새벽바람은 어디로 지나갔는지
새 발자국에 밟힌 흔적도 없이
마당에 펼쳐 있는
하늘이 보내준 하얀 종이 위에
인생 삶을 틈 탄 악귀를 쫓아라
구석구석 써내려간 동지죽
집안에 액운을 몰아내는 추상화를 그린다
하늘나라도 구경 내려 온 눈발이 흩날리는
동짓날 밤이 왔는데
우리 어머니는
하늘보다 먼 산에 계신지 오지를 않네
뜨거운 동지죽이 어머니 사랑을 그리는 그리움
겨울 찬바람처럼 식어 간다
호호 불며 새알심을 나이대로 먹던 그날을
시 한 수에 불러 본다

인생 바람 자연 바람

입춘 새해가 시작됐다
사람들은 자연 속에 살면서
자연의 시계 날짜는 고장을 내고
기술 과학 날짜 시계만 보고 산다

저 넓고 높은 들과 산이 있고
길고 깊은 강과 바다가 있는데
눈앞에 고랑만 보고 우물만 보고 골목을 오가며
동네방네 개새끼처럼 짖어대며 산다

담장 아래 내 누이동생 닮은 들꽃은
번갈아 사이좋게 피어 웃고 살고
어머니 가슴 같고 아버지 어깨 같은
동네를 품고 있는 정자나무는
오가는 바람을 잡아 놀고 있는데

청개구리 닮은 사람의 고함 소리는
태풍보다 사납게 울고 있지만
올해는 시집온 새색시 치맛자락에
꽃을 보듬은 봄바람만 피워났으면

새날의 꿈

밤길이 가장 긴 동짓날 나는 너를 길게 생각할 수 있어 좋아
눈을 뜨면 사랑이고 눈을 감으면 그리움이고
내 생각이 네 마음에 동지죽처럼
얼굴은 빨갛게 심장은 뜨겁게
용암처럼 뛰어 오른 날이거든
민주 자유 인권 평화 꽃밭에서 벌레 짐승 괴물이 살면 되겠는가
여의도 11일 계엄불장난과 민주촛불잔치
시멘트 바닥 시멘트 건물이 가슴처럼 늘어져 있고
머리처럼 솟아 있는 자리
2030과 깨어 있는 어머니 아버지가 손에 손 쥔 촛불 응원봉이었다
"사람이 꽃보다 아름답다" 는 건
'악' 과 '선' 을 현미경으로 구분할 줄 아는 행동하는 양심의 눈이다
'돈돈돈' 하는 세상에
돈만 벌고 출세만 하면 된다는 젊은 2030 세대는
하늘의 별보다 빛났고 땅의 꽃보다 예뻤다
2030 세대의 민주 사랑은 계엄령 군사 무기보다 강하고 든든했다
그 2030의 젊은 피는 촛불을 태우는 윤활유였다
그 기운 우리 민족의 꿈을 이룰 별이 되어
민족의 가슴을 흐르는 은하수 물결로
남북통일까지 흘러 흘러가길 빈다

아내를 닮은 첫 눈

나는 아직도 철 없는 아이다
첫 눈 내리는 날
나는 얼른 아내에게 전화를 했다
"꼭 당신 마음 닮은 첫 눈이 내리고 있어요"
아내는 시인보다 더 첫 눈 같은 말을 한다
"나는 날마다 첫 눈을 보고 살아요
하얀 첫 눈 같은 설렘으로 시를 써서
세상에 첫 눈처럼 뿌려 준 당신은 시인이니까요
첫 눈 송이만큼 시를 쓰면서
세상에서 첫 눈처럼 사랑하며 길게 길게 살아가요
사람들이 천국 올라갈 때
우리 부부는 양보하고
좀 늦게 올라가요
첫 눈 다 만나보고 가려니까요"
평생 남편 시를 연애편지처럼 받아보고 살았던
과연 시인의 아내다웠다
올해 첫 눈은 기분이 좋은지
아내 닮은 첫 눈이
흰 눈 꽃송이처럼 세상에 피어난다

늘씬한 12월

벽에 걸린 마지막 12월 달력
배가 홀쭉하다
세상에 걸린 사람의 배 아직도 빵빵하다
1달부터 먹은 날
하나도 버리지 않고 채우려다
주름살만 더 늘어났는데

*
*

눈에 덮인 새 집

눈보라 속을 걸어가는
새 한 마리 발자국
눈에 덮인 새집을
고개를 들어
한참이나 바라보고 있다
얼기설기 바람이 들던 새집을

12월 세상길에서

일 년을 보내면서
사람에 가장 큰 아름다움
사랑의 그림을 그리기 위해
나는 무슨 색깔을 칠했을까

사랑은 일 년 마지막 겨울에
눈이 오는 걸 보니 하얀 색인가 본데
나는 아직 봄 꽃잎 몸에 붙어 있는
파란 잎새 색깔인가 보다

어느 세월에 하얀 눈사람 하나 그려 놓고
숨 쉬는 사랑의 그림을 그려 볼까
찬바람에 길을 잃은 낙엽은
몸을 떨고 있는데

12월의 인생 시간

어둠이 깊어진다
새벽이 빨라진다
12월의 손을 잡고 갈까
12월의 발을 따라갈까
오늘이 가면 내일이 오든
헤어진 날들 만나는 날들
물리적인 시공간을
시 한 수에
인생 시간을 넣고 쓴다
긴 꿈이야기 다 끝날 때까지

동백꽃 사람

필 때도 질 때도 동백꽃처럼
파란 마음
붉은 얼굴
나 한 사람
세상길 겨울날에도
한 송이 동백꽃처럼 피어나면
우리 사이
동백꽃 향기 들고
흰 눈은 춤이 되어 내리니

얼음 속에 돌

산에 살든 들에 살든
누구라도 추운 겨울날
동백꽃 너마저 없었다면
마음까지 추웠을 거야

*
*

생사의 마음

산길 나뭇잎 품에 도토리 한 알
잠들어 있다
꿈도 꾸고 있을 거야
이대로 흙이 될 것인가
새 생명의 살로 태어날 것인가
다람쥐를 기다리고 있을까
청설모를 기다리고 있을까

이순신 칼춤

백성의 눈물
한산섬 잎새에 내려앉은 이슬방울처럼
백성의 한숨소리 한산섬을 품고
나무 사이사이를 맴도는 바람처럼
조선의 눈과 귀가
해와 달처럼 한산섬에 모여
별의 꿈으로 흐른다

은하수 물결로 가다가 어두운 섬에 눈이 되어 밝히고
남해 바다 섬섬을 돌아돌아 한산섬 앞바다에 모인
파도의 아우성을 어루만지며 애끓은 꿈을 부른다

이순신 칼의 춤 따라
바다의 기운을 실어 나르면
조선 천년을 이을
학의 날개를 펼쳐진다
쌍 학익진이면 이천 년의 칼춤을 이룰 세월의 힘으로
성웅 이순신 장군이 조선을 지키기 위해 온몸으로 외친 소리다

세종대왕께서 웃고 계신다

노벨상의 꽃
아시아 여성 중에 최초로 받은
한강 작가 노벨문학상 수상을 축하드립니다.

세종대왕이 얼마나 기뻐하실까
한강 작가 시인 소설가
아름다운 시적 언어로 눈물과 피와 죽음의 잔인함과 잔혹함을 다룬
생명을 넘어 영혼의 시적 문학예술이었다

한국 문학 세계와 만나다
세계가 한국 문학을 만나다
소년이 온다
세계가 본다
역사가 되다
시간이 보인다

문학예술은 마음의 양식인 생명이다
민주주의를 지켜온
힘
길

시간
소년이 온다

민주주의는 소년처럼 성장해 간다
사계절 꽃처럼
풀처럼
비에 젖고 바람 맞고
눈보라에 쌓여도
겨울은 춥지 않고 따뜻하다
잠자는 꿈속이니

공산주의자에게는 수여하지 않는 노벨평화상 김대중 대통령
우주만물 중 가장 아름다운 '진선미'의
어머니 노벨문학상 한강 작가
두 사람
민주주의를 위한 사람의 꽃이었다

난중일기가 말한다

(절상 호남 국가지보장 시일작일 진진 우한산도 약무호남 시무국가)
"호남은 조선의 울타리 담벼락이다 호남을 뺏기면 조선을 잃은 것이다 호남 백성은 임진왜란 병사 병기 군량미를 다 댔다
임진왜란은 호남과의 전쟁이다 호남이 없었으면 어찌 이 조선이 존재했겠는가"

일제 강점기에도 군사독재 정권시절에도
윤거니 검찰 독재 시절인 지금도
호남정신을 이어받은 민주정신은 이순신의 외침으로 살아 숨 쉰다

우리 국민은 작은 이순신이 되어 대한민국의 주인이 되어야 한다
헌법 제1조 2항 대한민국의 주권은 국민에게 있고 모든 권력은 국민으로부터 나온다
(왕이나 독재자나 윤건희로부터 나오지 않는다)
꽃은 사람들이 잊지 않고 예뻐하기에
사계절 중 맨 먼저 피어납니다
그 꽃을 피워 낸 봄 빛 민주정신
이순신의 백성 사랑

조선의 어머니

겨울나무 실가지 끝에
차가운 바람이 달려 떨고 있다
어머니가 말한다
달도 바라볼 수 없어
눈을 감은 밤
바람아 너도 눈을 감아라
그러면 악몽 한 번 꾸고 나면 밝은 해 뜨는 아침이다
긴 칼로도 막을 수 없는
실가지 달린 바람이 아기처럼 잠든다
조선을 위해
실가지 끝에 달린
백성의 숨소리
짐승의 괴성을 찌르는
파도가 울부짖는다
쉬지 않고
물방울 하나 모인 파도의 힘이다
한 사람이 길을 잘 지키면
천 마리 짐승을 잡을 수 있다

촛불 홍시

바람 한 점
붉은 사람의 노래가 되고
눈송이 한 점
하얀 민주의 춤이 되어
촛불 하나 사랑 하나
별 하나 꿈 하나
12월의 세월을 보듬고
어머니 부른 사랑의 힘으로
역사가 부른 그리움의 희망으로
겨울 찬바람도 쉬어 가는
국회 여의도 들판에
사람의 숨소리를 붙잡고
12월의 실가지에
까치를 기다리는 홍시 닮은 촛불
세월의 길을 멈춘
뜨거운 빛을 밝힌다

뿌리 깊은 풀

풀 광풍에 허리를 굽힌다고 쓰러진 게 아니다
뿌리에 힘을 더 주기 위해
풀은 땅이란 가슴을 품는다
어머니가 아가를 품듯
아가가 어머니를 품듯
그들은 바람보다 먼저 눕고 바람보다 먼저 일어나서
가장 먼저 햇살을 본다
어머니는 아가의 눈을 떼지 않고
아가는 어머니의 눈과 마주친다
지금 대한민국은 땅이다 민주 시민은 풀이다

첫눈이 온다

첫눈이 내리는 날
내 마음에 가득 찬 욕심
빈들처럼 비웠을까
아직도 배가 부르는 걸 보니
아직도
봄여름 풍년도 모자라
가을 풍년을 더 채웠는데
첫눈이 내린다
첫눈이 앉을자리가 없는데도
첫눈을 쌓으려 한다
첫눈은 사랑의 복이라 하는데
눈을 감고 버릴 수도 없고
어디다 담을까
첫눈을

폭설의 이야기

얼마나 먼 곳에서 오는 걸음일까
하늘도 좁았는지
별들의 이야기보따리 풀고 온다

어둠을 밝히는 하얀 불을 날리며
세상 구경 오는
대설이 연인처럼 온다

겉과 속이 하얀 눈의 이야기
검은 사람들은 알아들을 수 없게
춤자락처럼 온다

눈사람처럼

세상 벌판을
다 가질 것처럼
사방으로 뻗은
나뭇가지가 부러지도록 눈이 쌓인다
오랫동안 사람이 살지 않은 내 가슴에 눈이 쌓인다
눈사람을 만들자
햇살에 몸을 비우는
다른 세상의 사람으로

어머니의 꽃

가로등 불빛 사이로
하늘의 눈빛이
하얀 분수처럼
쏟아진다
바람만이 앉아 놀던
겨울나무에 사랑이 핀다
저 하얀 꽃잎에 물감을 들일 수 없어
겨울 내내 상상의 물감만을 그리련다
어머니의 꽃처럼
하얗게 하얗게

해가 뜨기 전에 꽃들이 웃는다

아침 해가 뜨기 전에
모든 들꽃 들풀들이 웃는다

비바람에 쓰러진 작은 들풀이 다 일어날 때까지
먹구름에 가려진 들꽃이
다 피어날 때까지

햇살은 하늘에 떠서
이 땅의 그늘진 자리를 찾아가는
이재명 대통령 눈빛이었다

그 발걸음은
대통령의 한 시간을
오천 이백만 국민의 시간처럼
걷고 또 걸어

오늘 외로웠던 이태원 골목에 멈춰진 시간을 품고
늘 푸른 낙락장송으로
국민 옆에 서 있겠노라고
큰 손 내미는 소나무 가지처럼 고개 숙였다

그날의 이태원 슬픈 비명이 이재명을 원망하는 아우성처럼 들렸다
왜 왜 왜
이제야 대통령이 되셨냐고요
0.73을 이겨낼 젖 먹던 힘이 없었냐고

그날에 그 윤가는 이태원 골목에 들어서서
"여기서 죽었단 말이야 애들이 압사당했단 말이야
뇌진탕 당했단 말이야"

국민의 생명을 지켜야 할 대통령의 입에서 나온 말이었으니
파리 모기가 죽어간
괴담이었다

그 말 지울 수 없는 세상 입 귀 눈 연필로
다 적어 놓았다
윤가가 저주하는 그 죽음의 소리를
세월길에 뿌려 놓을 것이다
다시는 그런 자가 세상에 살 자격이 아님을

사람의 얼굴

아무리 크고 예쁘고 높은 담장에 핀 장미꽃도
멀리 있으면
꽃으로 보이지 않는다
아무리 작고 못난 낮은 곳에 핀 들꽃도
가까이 옆에 있으면
꽃으로 보인다
사람의 겉과 속이 그렇다
그 사람의 꽃을 찾는 나비가 되어
벌레만 빼고

소풍 가는 비

곡우 비가
노랑노랑 빨강빨강 하얀하얀
고운 색깔 소리로 내린다
산에도 들에도
동요 음악처럼
춤이 되어 노래가 되어
먼저 떠난 꽃잎
상상하며
얼굴을 그린다
진달래 개나리 손잡고
보슬보슬 웃음웃음
꽃향기 따라 산천 소풍놀이 놓쳤지만
푸른 보리 여름 가는 길
볍씨 몸을 씻어 주니
봄비가 된 곡우가 기쁘다

4월의 연인

이슬보다 맑은 봄비
온 산천의 생명마다
물 마시는 소리가
고르게 고르게 들린다

나목의 잎새마다
들녘의 새순마다
곡우 빗방울로 얼굴을 씻고
물 오른 봄길에
햇살 한 줄기 앉았다 섰다
4월의 거울을 본다

봄비가 땅을 연인처럼 걸어오네
두리번 고개 돌려 꽃들을 반기며
봄비의 옷을 입은 4월
앞 산 머리끝에
꽃향기 나르는
종달새 소리가 들린다

비바람에 떨어진 꽃

4월은 크고 작은 꽃들이 모양마다 순서대로 피어나는
예쁘고 곱고 향기롭고 아름다운
봄 봄 봄이다
누구나 4월에는 봄길 꽃길을 가는데
탄핵당한 그 자들의 봄은 어디에 있었을까
화무십일홍
권력 속에 있었을까
생시를 하룻밤 풋사랑 꿈처럼 살다가
봄은 아직 많이 남았는데
비바람에 떨어진 꽃이여

뒤팔자 시간

어떤 사람은 개를 좋아해서 사람처럼 키우고
또 어떤 사람은 개를 사랑해서 개처럼 살게 한다
개를 사랑한다며
사람을 미워하는 세상에서
너는 나를 보고
세월 앞에 떨어진 꽃잎처럼
웃고
세상은 너를 보고
바람에 풍기는 꽃향기처럼 웃는다

자연의 거울

하늘 땅은
서로의 얼굴을 거울 삼은 청명이다
봄 생각도 보이고
꽃 마음도 보인다

자연의 거울은 사방에 보이지만
사람의 거울은
남의 마음 보이지 않고
벽에 걸린 거울은
그 자리에서
내 얼굴만 보인다

마음의 거울

일년 중
날이 가장 맑아
푸른빛 생각 하얀빛 마음
청아한 바람에 섞여져
합창하는 까치 소리 따라
노랑나비
하얀나비
꽃향기 기웃거리는 벌레까지
꽃망울에 달린
이슬에 몸을 비추지만
사람의 눈물 한 방울
말라버린다
햇빛도 없는데

봄이 부르니 꽃이 핍니다

어머니
어머니가 봄을 불렀습니다
123부터 더 큰 목소리로
그 목소리 따라왔을 뿐인데
봄이 왔습니다

해년마다 맞이하는 봄인데
올봄은 산에도 가슴에도 불이 나서
여름 먼저 오나 했습니다

어머니의 눈빛 같은 햇빛을 품고
어머니의 숨결 같은 바람을 안고
제가 향기 품은 꽃으로 피어날 수 있도록
얼마나 목이 아프도록 부르셨나요

어머니 4월 4일 오늘부터
봄길을 걸어요
꽃을 보며 저를 보며
뿌리 없는 꽃병의 가짜 꽃들은
쓰레기통에 버려질 거예요

깃발은 길을 열었다

사람은 사람들은
소리 없는 깃발의 아우성을 들었다
키가 크다고 뽐내고
키가 작다고 기죽은
깃발은 없었다

서로서로
키 차이는 있어도
어깨 높이는 나란히 나란히 어깨동무들
앞선 깃발도 뒤진 깃발도 없었다
어디서 왔느냐 묻는 사람이 있었던가

나뭇가지에서 노래하는 새들처럼
햇빛 한 줄기 입에 물고
바람 한 줄기 귀에 걸고
숲 속의 메아리가 되었던
사람들의 노래가
광화문 가슴을 울렸다
4월 4일 11시 22분
종을 치기 위해

사람의 가을이다

땡볕 한철
나무에 높이 올라
세상을 호령하듯
괴성 치던 매미도
낮은 땅바닥을 기며
밤이슬에 젖어 풀잎 물고 울어대는
귀뚜라미를 이기지 못하고 떠났다

역대 독재자들도
사람의 가을을 이기지 못하고
거미줄에 걸레 조각 같은 허물을 남기고 떠났다

가을 들판의 오곡백과를 두고
가을 산천에 단풍사랑을 두고
하늘 아래 이 세상은
사람의 계절이 숨 쉬는 땅이다

꿈의 시간

낮과 밤의 길이가 같은 춘분
해가 달을 만나는 그리움이어라
내가 너를 찾아오고
달이 해를 만날 사랑
네가 나를 찾아온 시간을 만났다
그 시간 빈 종이처럼
반으로 접었더니 한 장이 되어
봄과 꽃으로 한 몸으로
풍경의 거울을 본다

꽃의 힘

몇 걸음 종종걸음
흔적 남긴 꽃샘바람
봄바람 품은 꽃바람 웃음
저만치 보자마자
산을 넘어 들을 날아
강물에 술래처럼 숨는다
빛나는 봄의 생명
부드러운 꽃의 힘이다

봄 소리

봄바람
매화꽃 잎 위에 앉아
세상의 소리를 듣는다
꽃샘추위에 일어날까 말까
언덕 아래서 새싹 일어나는 소리
이 동네 고랑 저 동네
고랑에서 모여든
시냇물 이야기하는 소리
봄 세상 꽃동네를 여는 소리를 듣고
경칩에 일찍 깬 개구리도
뒤뚱뒤뚱 성큼성큼
봄길 한 걸음 꽃길 한 걸음
찾아 나서는
사람의 걸음걸이와 닮았다

어머니의 몸

어머니는
비가 와도 불로 밥을 지으셨다
어머니는 바람 불어도
불로 밥을 지으셨다
어머니는 눈이 와도
불로 밥을 지으셨다
촛불이 다 타 버렸다
흰 눈이 녹아 물이 되어 흐른다

소원을 드립니다

정월대보름달
얼마나 얼굴이 크면 세상 사람들이 다 볼 수 있을까

저렇게 큰 보름달이지만
내 눈에도 들어오고
내 마음속에도 담겨지는 걸 보면
정월대보름달보다 내 마음이 더 큰 것 같다

그래도 한 세상 보름달에만 소원을 빌었지
세상 누구에게 한 번 소원을 들어준 적이 없었다

오늘부터라도
초승달처럼 세상 사랑을 위한 소원을 점점 키워 가야겠다

행복을 드립니다

보름달 보름달
세상 사람들에게
둥근달을 닮아 살라고
날씨도 추운데 주름살 활짝 펴고
둥근 웃음으로 하늘에 떠 있다

모나게 살지 않고
둥글게 둥글게 살면
꿈도 둥글게
삶도 둥글게
행복도 둥글게
힘들지 않고 잘 굴러간다
보름달이 하늘을 굴러가듯

자연처럼 살았으면

절기 입춘은 일 년 중 첫날이다
오늘부터 자연을 닮아 살기로 했다
자연을 닮아 사는 것은
벽에 걸린 달력 날짜
손목에 찬 시계 시간이 아닌
자연의 날짜 시계인
해를 보고 달을 보고 별을 보고 사는 것이다
그렇게
옛날 사람처럼
자연의 품에서
먹을 것 하나 걱정만 하고 살면 되겠지
돈 권력 부리다 감옥 가는 것보다 더 나을 거야

새 꿈

잔설이 깨우는 얼음 위로
집집마다 그늘진 틈 새로
크고 작은 언덕 아래로
돌이 지키고 있는 땅 속까지
햇빛이 아기 눈빛마냥 보일 둥 말 둥
봄 길을 찾는다

차가운 내 가슴에도
사람의 꽃이 피고 사람의 새싹이 돋을
가슴이 있었을까 만져 보니
나는 그럴 꿈 꿀 겨울이 없었을 것 같다

어머니의 설날

설날은 때가 되니
올해도 돌아왔는데
어머니는 얼마나 먼 곳에 계시길래
수십 년이 되어도
어머니는 왜 돌아오지 못하나요

어머니는 수많은 별을 징검다리처럼
다 건너야 돌아올 수 있을까요
어머니가 안 계신 설날은
눈을 뜨나 감으나
어머니의 얼굴은
밤하늘의 달처럼 떠 있습니다

설날의 복

설날처럼 일 년 365일
걷고 뛰고 날리고 날고
비에 젖고 바람 맞고 햇볕 쐬고 눈까지 덮으며
그 많은 세상 사연 듣고 품고 삭이는 날이 시작됐다

나뭇가지 잎새처럼 풀잎처럼 꽃잎처럼
생명의 복을 잉태하는 설날의 품에서 일어선다

*
*

차이

내 것이라고 생각하면
높은 산도 한 걸음에 올라가고
남의 것이라 생각하면
낮은 언덕도
천리 걸음으로 내려온다

새날의 노래

새해가 됐다
사람들마다
새해 복 많이 받으란다
사람들은 새것을 좋아한다
내 인생 새 시간에서
새 인생으로 살았으면 좋겠다
엄마 품에서 첫울음 터트린
세상에서 가장 아름다운 그 노래를 불렀던 그날부터
'응애응애'

생명의 시간

매미
꿈꿀 새도 없이
여름 내내 울었다
피도 눈물도 다 말라 버린
텅 빈 몸
매미 허물
벌레로 산 흔적일까
사람의 뼈는
매미 허물보다 더 긴
세월의 흔적인데

소설의 기운

첫눈이 내리기 시작한 소설 절기
철새들 길을 가고 오고
논밭일 끝자락에 김장을 마치고
방고래 구들질에 바람벽 흙을 바르고
쥐구멍도 막고 땔나무로 챙긴다

겨울에 들었다고 하지만
아직 따뜻한 햇살이 아기 눈빛처럼 비쳐주니
'작은 봄' 이라 부른다
'소설 추위는 빚을 내서라도 한다' 는 소춘(小春)이다

마지막 남은 단풍 잎새 하나
노처녀 치맛자락처럼 날리며
낙엽의 몸으로 새봄을 준비하는
겨울잠에 들 것이다

소설처럼 추위 속에 봄을 꿈꾸듯
절망을 희망으로 바꾸는
삶을 살아가면 어떨까
첫눈 한 송이 마음에 보듬으며

입동 서리 꽃이 핀다

한발 한발 가을 발자국 소리
단풍 위로
하늘 가득한 은하수가 쏟아져 내려 온다

고요한 가을 밤 하늘
달빛도
잠들지 못하는 모습 꿈만 같구나

빨갛게 사랑에 빠진 단풍을 물들인 산
노랗게 행복에 빠진 오곡백과 익힌 들녘
가슴마다 얼굴 가슴 세월이 머물고 있다

기다림도 그리움도 낙엽으로 가는 길
단풍 꽃이 핀 자리
겨울 가는 첫 바람 서리를 품고
문을 두드리며 핀 서리 꽃이
웃는지 우는지

입동 연가 그 홍시

옛날 감이 익기도 전 땡감부터 따먹던
춥고 배고픈 초근목피 시절
서리 옷 입은 입동이 오면
가을 붉은 빛을 배불리 먹은 감나무를 올려보며
세상에 부러움이 없던 시절
고구마 한 손에 쥐고
간지대로 홍시 목을 걸던 날
나처럼 배가 고팠던
까치는 날개까지 울어댔다
감나무 실가지에
나그네처럼 불어온 찬바람 맞은 그 홍시
지금은 까치도 본 체 만 체
달콤한 맛을 모르는
배 부른 세상이니
사람의 배는 무엇으로 채울까

11월의 두 얼굴

겨울이 오려나
찬바람을 데리고
세월은 그냥 가지 않는다

세월이 지나갔다는 무늬를 그리고
사람은 그 무늬를 보며 길을 간다

11월 입동
똑 같은 해와 달을 보며
단풍처럼 보내고
낙엽처럼 맞는가

만남과 이별이 소유가 아닌가 보다
아름다움과 사랑이
11월의 두 세월

세월의 강

오늘은 새해 하룻날
내일은 새해 이튿날
한 달 두 달
일 년 열두 달
365 날
내 안에 스마트폰 시계
내 방에 책상 위 달력
내 마음은
건너뛴다
징검다리 건너가듯
오늘도 또 내일
그 사이를 건너뛴다
세월의 강은 강대로 흘러가고
인생의 강도 강대로 흘러간다

새 옷 헌 옷

새 날은
새 마음에
새 옷을 입고 맞이한다
한 번도 안 입은
장에서 산 새 옷
헌 옷을 깨끗이 빨아 입고
새 날을 맞이하면 안 되는 건가
내 몸에 때를 벗기듯이
새 옷도 빨아 입은 옷도
새해 바람을 같이 맞이한다
아 기분 좋다
이 기분으로 일 년 길을 간다

행복

하늘 아래
내가 있고
땅 위에 네가 있어
그리움이 되고 사랑이 된다

별처럼 아름다운 내가 있고
꽃처럼 예쁜 네가 있어
꿈이 되고 희망이 된다

낮에는 보이지 않는 별 같은 내가 있어
밤에 보이지 않는 꽃 같은 네가 있어
세상은 밤이 되고 낮이 된다

삶의 길 같이 가자
별이 빛난다
꽃이 웃는다

생각의 거울

푸른 거울을 걸어 놓은
가을 하늘을 올려보니
징검다리처럼
흰 구름도
한 점 한 점 띄엄 띄엄
공활한 가을 하늘
달 구경하는 사람들에게
눈 감고 생각 한 번 하고
시 한 수 쓰라는지
잠시 쉴 틈을 준다
달을 구름 안에 숨기고

첫눈 사랑

내 안의 사랑이
이렇게 넓고 깊은 줄 몰랐다
하늘의 은하수가 보내온
그리운 편지
흰구름도 보내온 사랑
서로서로 일 년 동안
짝사랑했던
연애편지를 다 품어도
내 사랑이 얼마나 뜨거우면
그 연애편지를 내리는 즉시 녹아 버린다
내 안에 쌓이지 않는 걸 보면

세월의 자리

단풍을 품고 살았던 가을 산
붉은 욕심도 한 때
사람들이 반해 버린
아름다운
그 옷을 다 벗어나니
키 큰 나무도
다 변했는데
소나무 키보다
작은 사람은
구경꾼처럼
그대로 겨울을 간다

나의 시계

시간이 가는 곳
인간이 가는 곳
시간이 없으면
인간이 없을까
시계 소리 따라
숨소리도 따라가는가
젊어서는 힘이 좋아 따라갔지만
늙어가니 힘이 빠져
못 따라가겠다
시간은 바람처럼
나는 구름처럼

내 인생 가을에서

꽃처럼 피어났던 봄날
내가 봄날에
꽃 향기다 보니
산에 나뭇잎의 향기를 몰랐다

산마다 가슴을 열고
그 나뭇잎마다 꽃이 된 가을에 와서
세월의 향기 소리가 들렸다

나는 가을 품에
어느 향기일까
먹었던 내 나이 가을의 언어가 되고 싶다

10월은 어머니 달

10월은 어머니 달
어디를 보아도
채워주고 담아주는
배가 부른 달
곡식을 보면 넉넉한 어머니 가슴
단풍 산을 보면 고운 어머니 얼굴
하늘땅 사방 천지를 둘러보며
시가 되는 이 가을에
어머니 사랑이 아니면 무엇으로 살까

나를 찾아

세상에서 가장 어려운 것
복제할 수 없는 시간입니다
그 다음
다시 돌아갈 수 없는 인생입니다
나는
날마다 그 시간
그 인생길에서
일하고 돈 벌며 삽니다
다시 묻습니다
시간과 인생을
어떻게 써야 할까요

다른 점

사람이 동물과 다른 점
동물은 자기보다 약한 것은 먹이로 삼고
강한 것을 멀리하지만
사람은 약한 것은 짓밟고
강한 것에 엎드린다
동물은 사람과 달리
은혜를 원수로 갚지는 않는다
누가 더 나쁜가

세월 정거장

나는 누구를 기다리며 사는가
아내와 아들은 똑같은 시간을 걷고 있으니

나는 지금 여기서
장에 가신 어머니 아버지
기다릴 시간도 아닌데

내가 생각하는 순간마다
쉬어 가라 한다
기다릴 사람도 없는데

가을 마음

볼 것이 너무 많아
가진 것이 너무 많아
봄 꽃도 여름 잎도 모두 버렸더니
온 산이 꽃이다
이 작은 눈이
욕심도 많다
눈이 배가 부르면 어머니가 올까
눈을 감을 수 있도록 욕심을 버려야겠다

입동 길에서

단풍도 어머니 아름다운 얼굴이요
낙엽도 어머니 사랑의 마음이니
오곡백과 양식을 다 내주고
입동길 따라
어머니는 가셨다
겨울 길에 낙엽의 몸으로

　　*
　　*

시월의 세월

자연 만물이 꿈을 이룰 10월
고향 땅도 하늘도
참 건강도 하지
인심도 좋은 시월의 세월
어머니를 본다

인생

봄 길을 간다
꽃 길을 간다
여름이 왔는데도
가을이 왔는데도
돈 속에 갇힌 인생
한 계절만 사는 세상
그래도 세월은 기회를 준다
늙어 버린 그 얼굴로
젊은 날을 후회할 때까지

나로 사는 길

나의 길을 걷다
넘어지는 것은 문 앞에 다가선 자리요
남의 길 따라가다
넘어지는 것은 한 걸음 더 나가면 떨어지는 절벽입니다

　　*
　　*

님의 향기

아무리 빛나는 별일지라도
그 별 하나로는 은하수로 흐를 수 없고
아무리 예쁜 꽃일지라도 그 꽃 한송이로는
꽃밭을 이룰 수 없지만
님의 마음 하나는 구름을 품고 하늘길을 가는 은하수요
님의 얼굴 하나는 세상의 종류마다
모여 사는 꽃밭이라
하늘에 사는 별이 사실이고 땅에 사는 꽃이 진실이듯이
거울 앞에 선 수정빛 모습이 광주의 님이라

어머니의 봄날

지은이 / 임영모
발행인 / 김영란
디자인 / 지선숙
발행처 / **한누리미디어**

•

08303, 서울시 구로구 구로중앙로18길 40, 2층(구로동)
전화 / (02)379-4514, 379-4519
Fax / (02)379-4516
E-mail/hannury2003@daum.net

•

신고번호 / 제 25100-2016-000025호
신고연월일 / 2016. 4. 11
등록일 / 1993. 11. 4

•

초판발행일 / 2025년 6월 30일

•

ⓒ 2025 임영모 Printed in KOREA

•

값 15,000원

•

※잘못된 책은 바꿔드립니다.
※저자와의 협약으로 인지는 생략합니다.

•

ISBN 978-89-7969-902-9 03810